Polyglott-Sprachführer

Sächsisch

Polyglott-Verlag München

Verfasser: Dr. Gunter Bergmann

Auflage:	6.	5.	4.	3.		Letzte Zahlen
Jahr:	1997	96	95	94		maßgeblich

© 1992 by Polyglott-Verlag Dr. Bolte KG, München
Printed in Germany / Druckhaus Langenscheidt, Berlin
Umschlaggestaltung: Christa Manner, München
Umschlagfoto: Eric Bach Superbild-Archiv, Fotograf Bernd Ducke
ISBN 3-493-61144-7

Inhaltsverzeichnis

Ob mer wolln oder nich:
Mir redn sächs'sch 4

Sachsen sind fichelante Kerlchen 6

Wo spricht man in Sachsen das eigentliche Sächsisch? 7

Sächsische Sprachaltertümer 12

Worüber die Leute reden 14

    Über die Gesundheit 14

    Über das Wetter 14

    Über das Essen und Trinken 16

„Spezialitäten" aus verschiedenen sächsischen Landschaften. ... 17

Elegante Pariser Mode auf sächsisch 18

Der gemiedliche (gemütliche) Sachse 19

De Leite unternander – eener is n andern sei Teifel 20

Wemmer in Raasche kommt 23

Was tu'mer'n chetz nu machen? 26

Geh nich zu dein' Ferscht,
wenn de nich gerufen werscht! 28

Einige sächsische Körperteile 30

„ ... was die feine Welt scheu abweist ..." 31

Wichtige Wörter 35

Kleiner Sprachtest Sächsisch .... *hintere Umschlagseite*

Lösung des Kleinen Sprachtests Sächsisch 37

Register 38

Vokabeltest 39

Ob mer wolln oder nich: Mir redn sächs'sch.

Mit dem Sächsischen ist das nicht so wie mit den anderen Mundarten in Deutschland. Zwar hat es seine Eigenheiten in seinem Klang und seiner Melodie, in seinen Lauten, seinem Wortschatz und seinem Satzbau – so wie alle anderen Mundarten auch, aber trotzdem hat es mit dem Sächsischen nun schon seit etwa 200 Jahren seine besondere Bewandtnis:

Überall wird über das Sächsische gelacht. Das Sachsische ist unüberhörbar, und kaum erklingt es irgendwo, so erregt es Heiterkeit:

Mensch, gucke mah wie das räächent!

(Mensch, sieh mal, wie es regnet!)

Ein Sachse ist da, es gibt etwas zu lachen; denn natürlich wird sofort auch über den Sprecher gelacht. Sachsen in einer Reisegruppe, Sachsen auf dem Traumschiff – die komischen Figuren sind gegeben:

Back emah de Bemm' aus! Was hast'n droff, Worscht oder Gäse?

(Pack mal die Schnitten aus! Womit sind sie belegt, mit Wurst oder Käse?)

Kein anderer deutscher Dialekt ist einer solchen Verachtung ausgesetzt wie der sächsische, keine Sprechergruppe wird so verspottet und verhöhnt wie die Sachsen. Mit dieser nackten Tatsache müssen die Sachsen leben, sie müssen sich mit diesem Urteil, mit dieser Verurteilung durch die anderen abfinden; daran führt kein Weg vorbei.

Aber was soll nun der arme Sachse machen? Wie soll er reagieren? Nicht irgendwann und irgendwo, sondern fortgesetzt im täglichen Leben ist er mit der Frage konfrontiert, ob er sich zu seiner sächsischen Heimatsprache bekennen und sie ganz unverblümt, wie ihm sein sächsischer Schnabel gewachsen ist, sprechen soll, oder ob er nicht doch versuchen sollte, sie zumindest in manchen Situationen zu verbergen, z.B. im Gespräch mit Fremden, auf Ämtern, Dienststellen und Behörden. Oder sollte er nicht lieber ganz brutal gegen sein Sächsisch vorgehen und es auch aus den Gesprächen in der Familie und unter Freunden verbannen? Jeder Sachse versucht nun ganz persönlich und auf seine Art, dieses Problem zu lösen. Zwischen dem sich selbst auferlegten Zwang, immer hochdeutsch sprechen zu wollen, so wie es schon die Lehrer in der Schule verlangt haben, und dem vollen Bekenntnis zum Sächsischen liegen viele Zwischenmöglichkeiten – eine breite Skala, auf der jeder seinen eigenen Platz suchen muß.

Das könnte den Eindruck erwecken, als ob die Freiheit der sprachlichen Wahl zwischen „vollkommenem Hochdeutsch" und „waschechtem Sächsisch" unbegrenzt wäre. Aber das ist nicht so! Jeder weiß das: Einen Sachsen erkennt man immer! Es gibt einige Barrieren, die kann er trotz aller Bemühungen nicht übersteigen. Manche Sachsen machen deswegen auch gar keine Kletterversuche erst. Sie wissen um die noch größere Blamage, die sie sich einhandeln, die noch größere Lächerlichkeit, die sie erzeugen, wenn sie sich krampfhaft um Hochdeutsch bemühen.

> **„Dialekt ist die Unterwäsche des Menschen, Hochdeutsch ist die Konfektion, die er darüber trägt."**
>
> *Franz Xaver Kroetz*

Die Stimmhaftigkeit der Konsonanten **b, d, g** oder **s** (das Hochdeutsche fordert die Unterscheidung von stimmhaftem **s** in **Wiese** von stimmlosem **s** in **Füße**) – der Sachse wird sie nicht erlernen, und er wird auch den Unterschied zwischen den beiden verschiedenen **s**-Lauten gar nicht hören! Auch seine typisch sächsische Sprechmelodie, ob sie nun dresdnerisch, leipzigisch oder chemnitzisch geprägt ist, er kann sie nicht ablegen. Also sitzt er in der Klemme, in der sächsischen Klemme sozusagen, und damit muß er fertigwerden. Er weiß: Die anderen, die Fremden merken jetzt, daß ich sächsisch rede, und die finden das ... Ja, wie finden die das?

> Vielleicht lustig oder komisch?
> Vielleicht lächerlich oder dümmlich?
> Vielleicht scheußlich oder ekelerregend?

Als „kernig" oder „urig" jedenfalls wird das Sächsische nicht empfunden und auch nicht mehr als „reinlich, zierlich" oder „schön" wie im 17. Jahrhundert, als das Sächsische noch für vorbildlich in ganz Deutschland galt. Der „Geschmack" hat sich geändert; das Werturteil über die deutschen Dialekte hat sich – was das Sächsische betrifft – in das völlige Gegenteil verkehrt. Schickten im 17. und beginnenden 18. Jahrhundert die Eltern in den gebildeten Schichten ihre Sprößlinge nach Sachsen und kamen auch Goethe und Schiller noch nach Sachsen, damit sie „gutes Deutsch" erlernten, so geriet mit dem Ende der Aufklärungszeit und dem politischen Niedergang Sachsens auch seine Sprache immer mehr in Verruf. Und diese Aburteilung des Sächsischen ist bis heute nicht überwunden.

Aber trotzdem:

> **Der Sachse hält nich de Gusche** (den Mund).

Und er denkt auch nicht etwa fortgesetzt über seine Sprache und ihre Wirkung nach, niemand auf der Welt macht das, auch ein Sachse nicht.

> **Nee, nee, der Sachse red' sächs'sch, ob er will oder nich!**

Sachsen sind fichelante Kerlchen

Um die Sachsen kennenzulernen, muß man nicht unbedingt nach Sachsen reisen. Den Sachsen begegnet man überall; ob du an Ost- oder Nordseestrand in der Sonne liegst – im Nachbarstrandkorb unterhalten sich Sachsen, ob du in Zermatt in eine Seilbahn steigst – Sachsen sind schon drin. Endlich, nach dreißig Jahren eingeschränkter Reisefreiheit können die Sachsen wieder ihrer größten Leidenschaft frönen: dem Reisen.

Jürgen Hart, der seine Sachsen gut kennt, läßt deshalb sein berühmtes „Sachsenlied" so beginnen:

> Der Sachse liebt das Reisen sehr,
> nee, nee, nich das in' Knochen;
> drum fährt er gerne hin und her
> in sein' drei Urlaubswochen.
> Bis 'nunter nach Bulgarchen
> tut er die Welt beschnarchen.
> Un sin de Koffer noch so schwer,
> un sin zu voll de Zieche (Züge),
> un is es Essen nicht weit her –
> das kennt er zur Genieche.

Vielleicht hängt die Reisefreudigkeit der Sachsen damit zusammen, daß sie **fichelant*** (vigilant) sind. Die Bedeutung dieses Wortes, mit dem sich die Sachsen selber gern charakterisieren, läßt sich nicht mit einer einfachen hochdeutschen Entsprechung wiedergeben, sondern vielleicht so: Sie finden sich in jeder Umgebung zurecht und in jeder Situation, sie können sich gut anpassen, weil sie geschickt und wendig (nicht: windig!) sind. – Ganz eng berührt sich hier die Bedeutung dieses Wortes mit der von **helle*** (hell), das auch für eine sächsische Eigenheit zutreffend sein soll und das aufgeweckte, aufgeschlossene Verhalten bezeichnet. Wer hier ein bißchen genauer und zwischen den Zeilen liest, der spürt, daß bei der Bedeutung dieser beiden Wörter **fichelant** und **helle** auch Negatives mitschwingt; denn Anpassung ist nicht in jeder Situation das Richtige, die Neigung zum Kompromiß ist zwar sicher klug und also **helle**, aber eben nicht konsequent und häufig deswegen nicht integer. – Wollen wir es deswegen lieber mit der **sächs'schen Gemietlichkeet** (Gemütlichkeit) halten.

> **Gemietlich*** ist der Sachse. Er ist gerne, wenn er von seiner Reise zurückkommt, wieder **derheeme*** (daheim, zu Hause), zieht **de Laatschen*** (Schuhe) aus und trinkt **sei Schälchen* Heeßen** (seine Tasse heißen Kaffee).

Oder schlummert hier schon wieder eine negative Eigenart? Ist der Sachse etwa spießig? Na klar! Aber wohl auch nicht mehr als die Deutschen überhaupt.

---

* Die mit * bezeichneten Wörter werden auf den Seiten 35 und 36 erklärt.

Wo spricht man in Sachsen das eigentliche Sächsisch?

Nicht überall im **Freistaat Sachsen** wird sächsisch gesprochen. Ebenso wie in **Bayern** nicht überall bairisch gesprochen wird. Die politischen Grenzen decken sich eben nicht mit den Dialektgrenzen. Ein Vogtländer, der aus Plauen, Oelsnitz, Auerbach oder einem anderen vogtländischen Ort stammt, wäre ziemlich beleidigt, wenn man seine Sprache als „sächsisch" bezeichnen würde; und er hat auch ganz recht, denn in Wahrheit spricht er einen **fränkischen Dialekt**, der auf dem Territorium Sachsens beheimatet ist. Genauso empfinden die **Erzgebirgler** und die **Oberlausitzer**. Auch ihre Dialekte weichen in sehr markanter und auffälliger Art vom eigentlichen Sächsischen ab.

Sachsen
Bayern

fränkisch

Erzgebirgler
Oberlausitzer

Doch stellen wir an Hand unserer kleinen Karte (siehe Seite 8) die Verteilung der einzelnen Dialektgebiete auf den Freistaat Sachsen vor. Wir können und wollen hier nicht in die feinsten wissenschaftlichen Einzelheiten gehen, sondern uns lediglich einen groben Überblick verschaffen:

1. In einem kleinen Zipfel im Süden des Vogtlandes, in dem die bekannten Kurorte Bad Brambach und Bad Elster liegen, wird **nordbairisch** gesprochen, eine Mundart, die dem Sachsen so fremd ist, daß er sie nicht versteht.

nordbairisch

2. Das **Vogtländische**, ein fränkischer Dialekt, hat als besonderes Merkmal den **pf**-Laut, den es sonst in Sachsen nicht gibt (**hupfen** ‚hüpfen', **Pflumpf** ‚Pumpe'). Auslautende **-e** und **-n** fallen ab (**Gung** ‚Junge', **Hues** ‚Hose', **Staa** ‚Stein'), und man sagt **gelle** für ‚nicht wahr'.

vogtländisch

3. Im **Erzgebirge** grüßt man mit „**Glück auf!**", und wie im Vogtland fallen die auslautenden **-e** und **-n** ab. Die **ei-, au-** und **eu-**Laute werden häufig zu **aa** (**Baa** ‚Bein', **Baam** ‚Baum', **Fraad** ‚Freude').

erzgebirgisch

4. Das **Lausitzische** fällt durch seinen tiefen, gaumigen Klang auf und durch die rollende Art, in der die **r**- und **l**-Laute mit der Zungenspitze gebildet werden, so daß man die Oberlausitzer oft als „Edelroller" bezeichnet.

lausitzisch

5. Im Gebiet des **Neulausitzischen** ist die alte Sprache des einfachen Volkes das Sorbische.

neulausitzisch

6. Das Kennzeichen des Gebietes um Halle–Torgau ist das **j**- für **g**- (**jerne** ‚gerne', **jejangen** ‚gegangen'). Es leitet am Nordrand zum **Niederdeutschen** über.

niederdeutsch

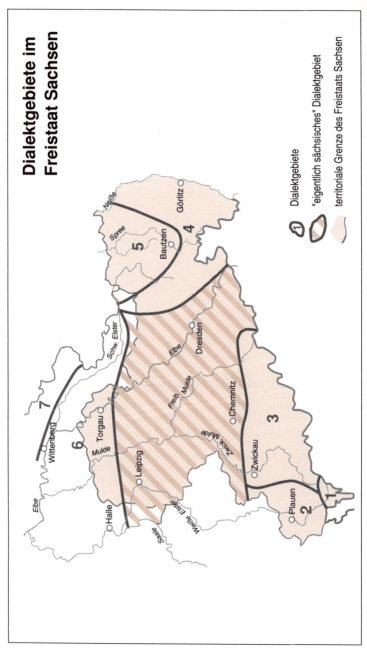

7. In diesem kleinen Gebiet nördlich Wittenberg wird bereits **niederdeutsch** gesprochen (**ick** ‚ich', **mien** ‚mein', **Buuk** ‚Bauch').   **niederdeutsch**

Für den eigentlich sächsischen Dialekt bleibt das schraffierte Zentralgebiet in der Mitte Sachsens. An seinem Nordrand liegt **Leipzig,** im Osten **Dresden** und im Süden **Chemnitz**. In der Wissenschaft nennt man den Dialekt, der hier gesprochen wird, „das Meißnische". Aber auch das Meißnische ist in sich keineswegs einheitlich, und ein echter Sachse hört sofort, ob jemand aus der Leipziger, Dresdner oder Chemnitzer Gegend stammt – und man braucht dazu nicht etwa das feine Gehör des Herrn Prof. Higgins zu haben!   **Leipzig, Dresden, Chemnitz**

In welcher dieser drei Städte am meisten „gesungen" wird, hat bisher noch niemand so richtig nachgemessen, aber fest steht, daß man sie an der Satzmelodik schnell und sicher unterscheiden kann. Außerdem erkennt man den Dresdner sofort an seinem **ni** für ‚nicht', und er liebt es auch, **nu** (nun) statt ‚ja' zu sagen. Der echte Leipziger kann grundsätzlich **k** und **g** nicht unterscheiden:

> **Gaiser Garl gonnde geene Gimmelgerner gauen.**
> (Kaiser Karl konnte keine Kümmelkörner kauen.)

Das gibt es nur in Leipzig und Umgebung. Und obwohl sich eigentlich die Leipziger beim Sprechen viel Zeit lassen, sagen sie **widder** für ‚wieder', **riwwer un niwwer** statt ‚herüber und hinüber'.

Das machen die Chemnitzer nicht; sie sagen **wieder, riewer un niewer**, aber dafür **runner** und **nunner** statt ‚herunter, hinunter'. Aus einem hochdeutschen ‚nicht wahr' wird bei ihnen ein ganz kurzes **nur** oder **nor**.

Was die Leipziger und die Chemnitzer gemeinsam haben, ist ihre Unfähigkeit, den **ich**-Laut vom **sch**-Laut zu unterscheiden. Für den Lehrer in dieser westsächsischen Gegend ist es schlimm, wenn er den **Tisch** im Diktat als **Dich** findet, wenn alles **schrecklisch falch** geschrieben wird und die Kinder beim **Architekt** an **Arsch** und **decken** denken und also **Arschideckt** schreiben.

> **Saachen denn de Leide in Leibzsch immer noch „escha"? – Escha!**
> (Sagen denn die Leute in Leipzig immer noch „e-ja"? E-ja!)

Dieses **„escha"** bedeutet soviel wie ein energisches ‚nein' oder ‚ach, wo denkst du hin; ach wo; i wo'.

Das „Sächsische" ist, wie wir gesehen haben, keine einheitliche Mundart. Das liegt daran, daß die alten meißnischen Dialekte, die ihm zugrunde liegen und die heute nur noch von wenigen alten Menschen gesprochen werden, auch in sich sehr differenziert waren. Trotz dieser landschaftlichen Unterschiede innerhalb des Sächsischen erkennt man aber „den Sachsen" an seiner Sprache. Also muß es auch prägende, typisch sächsische Merkmale geben. Die wichtigsten wollen wir in Kürze vorstellen:

Am auffälligsten ist wohl das völlige Zusammenfallen von **p, t** und **b, d** zu stimmlos-schwachen Verschlußlauten. So wird der **Popel** ‚Popel, kleiner Junge' eben **Bobel** gesprochen, und man sagt **bebeln, biebeln, bobeln** für ‚popeln, in der Nase bohren, mit den Fingern eine mühsame Arbeit verrichten, an etwas mit den Fingern spielen':

> **Tu nich an den Grind dauernd dranrumbobeln!**
>
> (Hör auf, ständig am Schorf zu kratzen!)

> In Sachsen **sitzt de Dande in der Dinde**
>
> (die Tante sitzt in der Tinte, ‚die Tante ist in einer prekären Lage')

… und eine **Doofe** kann nicht nur ein ‚dummes Mädchen', sondern auch eine ‚Taufe' sein. – In und um Leipzig kann man auch **k** und **g** nicht unterscheiden (**Garden** ist also doppeldeutig: ‚Garten, Karten', ebenso **gerne** ‚gern, Kerne'). Im übrigen Sachsen unterscheidet man **k** und **g** vor Vokal (**Garden** ‚Garten', **Karden** ‚Karten', **gerne** ‚gern', **Kerne** ‚Kerne' oder in der Gegend um Halle: **Jarden** ‚Garten', **Garden** ‚Karten', **jerne** ‚gern', **gerne** ‚Kerne'). – Vor einem Konsonanten allerdings sind **k** und **g** nur um Halle zu unterscheiden, weil dort auch in dieser Stellung **g** zu **j** wird (**jroß** ‚groß', **gräfdch** ‚kräftig'), während im gesamten übrigen Sachsen **k** und **g** vor Konsonant zusammenfallen (also: **groß un gräfdch** für ‚groß und kräftig').

Diese Verschlußlautregel, die das Sächsische so beherrschend prägt, haben wir bei der Schreibung der sächsischen Mundart in diesem Heft nicht konsequent beachtet. Wir wollten Rücksicht auf den Leser nehmen; er soll die Texte lesen und dabei verstehen können. Wir haben also geschrieben: **kräftch,** *nicht* **gräfdch** *‚kräftig' oder* **tichtch,** *nicht* **dichdch** *‚tüchtig, sehr'.*

Eine Schwächung widerfährt auch dem **pf-** im Anlaut, denn das **p-** hört man in Sachsen nicht:

> *Das Pferd heißt Ferd, weil's fährt.*

Die ‚Pfeife' wird **Feife** gesprochen und das ‚Pfund' **Fund**. – Im Auslaut oder Inlaut jedoch ist das **-pf-** ein **-pp-** oder besser gesagt **-bb-: Kobb** ‚Kopf', **Dobb** ‚Topf', **hubben** ‚hüpfen'. Auch hier ist in den Texten **-pp-** geschrieben, um die Wörter nicht zu sehr zu entstellen.

Eine weitere auffällige sächsische Eigenart ist die, daß man keine gerundeten

Vokale sprechen kann. Alle **ö-**, **ü-** und **eu**-Laute werden zu **e, i** und **ei**. **De Lehm brilln** ‚die Löwen brüllen', **s Hei is grien** ‚das Heu ist grün'.

In einigen Wörtern wird **ei** zu **ee** und **au** zu **oo:**

> **Vom Loofen tun mer de Beene weh, nee, ich will heem un nich mehr einkoofen.**

Aber keineswegs alle hochdeutschen ei- und au-Laute sind von dieser Regel betroffen, und den echten Sachsen erkennt man daran, daß er sie immer nur bei ganz bestimmten Wörtern anwendet: Er sagt also **ich habe keene Zeit** und nie **ich hab keene Zeet**, und er zählt **eens, zwee, drei** und nicht etwa **eens, zwee, dree.**

Schwierigkeiten hat der Sachse auch mit den **e**-Lauten. Häufig spricht er sie wie **ä: Lähm** ‚Leben', **gähm** ‚geben', **sähn** ‚sehen', **Bäsen** ‚Besen' – und dabei kann er doch ein „richtiges" hochdeutsches geschlossenes **e** sprechen; das beweist er, indem er **Lehm** ‚Lehm', **gehn** ‚gehen', **stehn** ‚stehen', **Reh** ‚Reh' korrekt ausspricht.

Diese kurze und grobe Charakteristik des Sächsischen beschreibt nicht die alten zugrundeliegenden meißnischen Dialekte, die heute nur noch von wenigen alten Menschen, z.B. in der von Landwirtschaft geprägten Lommatzscher Pflege oder in der Gegend um Rochlitz gesprochen werden. In ihnen sind viele alte Sprachmerkmale enthalten, die in tiefschürfenden wissenschaftlichen Studien zur Sprach- und Dialektgeschichte Sachsens dargestellt sind. Ihre genaue Beschreibung setzt so viele Vorkenntnisse voraus, daß sie hier unterbleiben muß. Dasselbe gilt natürlich auch für die Dialektlandschaften, die in den Ziffern 1–7 kurz erwähnt wurden und die vom eigentlich Zentral-Sächsischen so stark abweichen. – Die Sachsen aber sollten wissen: All ihre Dialekte, die vogtländischen, erzgebirgischen und nördlich daran angrenzenden – sie alle sind Gegenstand wissenschaftlicher Forschung gewesen, deren Ergebnisse in Büchern nachzulesen sind, und das Hauptwerk, das all diese Forschungen zusammenfaßt und das gesamte sprachliche Kulturgut des Landes Sachsen zur Darstellung bringen wird, ist in Leipzig bei der „Sächsischen Akademie der Wissenschaften" in Arbeit und sieht in wenigen Jahren seiner Vollendung entgegen: Es ist das „Wörterbuch der obersächsischen Mundarten", das in zwei großen Bänden erscheinen wird.

Eine wesentliche Einsicht dürfte trotz aller Gedrängtheit und trotz aller Einfachheit auch die hier gegebene Einführung in die sächsische Dialektologie vermitteln: Wenn es im Sächsischen heißt: Vor dem **Haus** steht e **Boom**, das sin meine **Beene**, der **Bäsen** steht in der Ecke, dann besagt das auf alle Fälle, daß das Sächsische nicht einfach „schlecht ausgesprochenes Hochdeutsch" sein kann, daß das Sächsische also nicht aus dem Hochdeutschen herleitbar ist; denn dann müßte es heißen: Vor dem **Hoos** steht e **Boom**, das sin **meene Beene**, der **Bäsen stäht** in der Ecke.

Sächsisch entsteht also nicht dadurch, daß man einfach ohne Einsatz der Mundmuskulatur Hochdeutsch spricht. Daß das der pure Unfug ist, zeigen schon diese wenigen Beispiele eindeutig. Auch die sächsischen Dialekte sind alt-ererbtes, tradiertes Kulturgut – wie alle anderen Dialekte auf der ganzen Welt auch!

Sächsische Sprachaltertümer

Dialekte sind alte Sprachen. Sie werden mündlich von Generation zu Generation weitergegeben. Dabei passen sie sich den Veränderungen in der Gesellschaft, dem wissenschaftlich-technischen Fortschritt an. Ihr eigentliches Wesen aber ist die Beharrlichkeit. Viele dialektale, also landschaftsgebundene Merkmale reichen bis ins Mittelalter oder gar noch weiter zurück. Auch in Sachsen gibt es viele solcher „Sprachaltertümer". Es sind „Hörens-Würdigkeiten" aus alter Zeit:

Eine gewisse Berühmtheit hat das Wort **Motschegiebchen*** erlangt, das in Leipzig und Umgebung heimisch ist und den ‚Marienkäfer' bezeichnet. Es ist mit der hier angeführten Schreibung sogar in den neuen gesamtdeutschen Duden aufgenommen worden. Wenn man das Wort verhochdeutschen würde, so ergäbe das **Motschekühchen**. Hinter dieser Bezeichnung steckt die sehr alte Vorstellung der Menschen, daß der Marienkäfer zu den Haustieren Gottes gehört und von Gott persönlich auf die Erde geschickt worden ist. Den liebenswürdig-kosenden Beiklang hat das Wort bis heute bewahrt. — **Motschegiebchen** / **Motschekühchen**

Den Ärzten und Krankenschwestern in Sachsen begegnet häufig ein Wort, das **unnergietch***, **unnergeetch**, **ungerkeetch** oder ähnlich ausgesprochen wird und mit dem die Patienten eine Wunde beschreiben, die unter dem Grind entzündet und vereitert ist, so daß sie geschnitten werden muß. Hinter diesem Wort verbirgt sich ein **unter-kötig**, wobei **Kot** im Mittelalter alles bedeutete, was ‚schmutzig, verwesend, schlimm, böse' ist. — **unnergietch** / **unter-kötig**

In Leipzig und Umgebung sind noch heute die Wörter **vergabbert** oder **gabb(e)rig** geläufig. Sie werden benutzt, wenn man einen Menschen als ‚geizig' oder gar ‚habgierig' bezeichnen will. Mit **geben** hat dieses Wort also ganz sicher nichts zu tun, viel mehr steckt das alte Wort **Kober** dahinter, das in älterer Zeit einen ‚Korb, Behälter' bezeichnete, und damit die Vorstellung, daß habgierige Menschen sich gern alles schnell in die eigenen Taschen stecken. — **vergabbert** / **gabb(e)rig**

Wenn in Leipzig ein Junge seine **Schmette** an den Straßenrand stellt, so meint er damit sein Fahrrad, ohne natürlich zu wissen, daß sich hinter diesem Wort eine alte, erstarrte, dialektale Lautform des Wortes **Schmiede** verbirgt. Dieser bildhaften Bezeichnung liegt die Vorstellung zugrunde, daß das Fahrrad so alt und klapperig ist, daß es beim Fahren so viel Lärm erzeugt wie früher eine Dorfschmiede. — **Schmette**

12

In der Gegend um Chemnitz und im Erzgebirge nennt man jemanden **kääbsch,** der sehr häufig am Essen herummäkelt, dem dies und jenes nicht schmeckt und der oft seinen Teller nicht aufißt. Das Wort ist abgeleitet von **kauen** und ist eine dialektale Lautform von **käuisch.**

kääbsch

Etwa im gleichen Gebiet ist ein Wort beheimatet, das **meeßel-, määßel-, meeßteldrehdch, -drehnch** oder ähnlich ausgesprochen wird. Es bezeichnet jenes Gefühl, das man im Kopf hat, wenn man Karussell gefahren ist: ‚schwindlig, drehend'; die Bedeutung kann sich aber auch erweitern bis zu ‚benommen, verwirrt, nervös, aufgeregt'. Die meisten Leute, die das Wort kennen, bringen es mit **drehen** in Verbindung; denn das liegt nahe. In Wahrheit aber ist es abgeleitet von **Meißeldraht,** und dieses Wort gehört zur früher weit verbreiteten Tätigkeit des Spinnens und bezeichnet einen ‚ungleichmäßig gesponnenen Faden, Fitz von Fäden am Spinnrocken'.

meeßeldrehdch

Meißeldraht

Unter der bäuerlichen Bevölkerung ist in der Gegend um Riesa – Meißen und bis hinauf ins östliche Erzgebirge bis heute ein sehr altes Wort lebendig geblieben, das die ‚hölzernen Tragstangen am Jauchenzuber' bezeichnet: **Nusteln.** Hierbei handelt es sich um ein Reliktwort aus der Zeit der slawischen Besiedlung dieser Landschaft; es geht zurück auf **nosidlo** ‚Trage, Tragstange', das abgeleitet ist von **nositi** ‚tragen'.

Nusteln

In alte Zeit führt uns auch das Wort **Bänert** zurück, das viele ältere Menschen im gesamten Nordwesten Sachsens noch kennen. Es bezeichnet einen ‚aus Weiden geflochtenen Handkorb mit Bügel'. Er wurde früher vor allem zum Kartoffelnlesen verwendet und erfüllt noch heute seinen Zweck bei Garten- und Feldarbeiten. Das Wort ist von niederländischen Siedlern mitgebracht worden und gehört in die romanische Kulturlandschaft; denn es geht zurück auf mittellateinisch **panarium,** das einen ‚Brotbehälter, Brotkorb' bezeichnete.

Bänert

In etwa der gleichen Gegend lebt auch bis heute das Wort **Schlippe.** Man meint damit einen ‚abkürzenden Fußweg, einen engen, schmalen Durchgang zwischen Häusern oder Gehöften'. Das Wort gehört nach seiner Herkunft zu **schlüpfen** und würde im Hochdeutschen **Schlüpfe** heißen.

Schlippe

Woriewer de Leite quatschen:

iewer de Gesundheet

Nu, wie gehdersch denne, mei Guter?

Nu cha, so halblappch*, frieh bin'ch immer tichtsch* laweede*, meine Gnewwertzchen* machen ni mehr richtsch mit. Aber mer muß zefrieden sein, wemmer noch so sei Muddelchen* machen kann.

N ganzen Taach rumbadallchen* wie närrsch*, das geht nu ähm ni mehr, wemmer älter werd. Aber wie is es denne bei dir? Sist doch recht gäägch* aus?

Ei verbibbch*, sitt mer mir das noch an? Ich hawwe neilich mah gräätsch* gemacht, un nu hab'ch Miehe, widder off de Beene ze gomm'. – S is ni mehr viel los mit mir. Chetze missen schonn meine Ginder gomm' un bei mir de Buffertzche* reenemachen, weil'ch mich egah so malade* fiehle un zu nischt mehr richtsche Mauge* hawwe.

Ich habs oo egah so off der Blauze*.

Nu mach mer nor geene Fisemadenzchen*!

iewer'sch Wetter

Na, ich gloowe, heite werds noch räächn.

Cha, da haste recht: *Räächn wermer kriechen!*

Gucke nur ma naus, chetz hat's schonn angefang', un wie!

Worüber die Leute reden:

über die Gesundheit

Nun, wie geht es dir denn, mein Lieber?

Nun ja, so mittelmäßig, früh bin ich immer sehr kaputt, meine Beine sind nicht mehr in Ordnung. Aber man muß zufrieden sein, wenn man sich noch ein bißchen beschäftigen kann.

Den ganzen Tag schuften wie verrückt, das geht nun eben nicht mehr, wenn man älter wird. Aber wie ist es denn bei dir? Siehst doch recht blaß aus?

Oje, sieht man mir das noch an? Ich bin neulich mal zusammengebrochen, und nun habe ich Mühe, wieder auf die Beine zu kommen. Ich habe nicht mehr viel Initiative. Jetzt müssen schon meine Kinder kommen, um meine Stube sauberzumachen, weil ich mich immer so schlapp fühle und zu nichts mehr die rechte Lust habe.

Immerzu habe ich Bronchitis.

Mach mir nur keine Dummheiten!

über das Wetter

Na, ich glaube, heute wird es noch regnen.

Ja, da hast du recht: Regen werden wir bekommen (ein sehr bekanntes sächsisches Wortspiel; denn dieser Satz ist doppeldeutig: *Regen werden wir kriegen / Regenwürmer kriechen*)

Sieh nur mal hinaus, jetzt hat es schon angefangen, und wie!

Da gannste ni heemgehn chetz, da mußte warten, bis es offhert.	Da kannst du jetzt nicht nach Hause gehen, da mußt du warten, bis es aufhört.
Ich gloowe, das is ni bloß ne Husche*. Das dreescht* doch graderunter, da tät'ch doch werklich bitschenaß* wern.	Ich glaube, das ist nicht nur ein Schauer. Es regnet doch sehr stark, da würde ich doch völlig durchnäßt.
Aber e Gewitter is's oo ni. Nee, *heite gommt gee Gewitter!*	Aber ein Gewitter ist es auch nicht. Nein, heute kommt kein Gewitter (ein in Leipzig sehr beliebtes Wortspiel; denn die Eigenart, *k* und *g* zusammenfallen zu lassen, macht den Satz doppeldeutig: *Heute kommt kein Gewitter / heute kommt Geege wieder.* Deswegen folgt auf diesen Satz häufig die Scherzfrage: Wer ist denn *Geege?*)
S is e richtcher Landräächn.	Es ist ein lang andauernder Regen.

Um die verschiedenen Arten des Regnens genau zu bezeichnen, gibt es in Sachsen eine Vielzahl von bedeutungsähnlichen Wörtern:

plaatschen
Binfaden räächn (Bindfaden regnen)   ‚stark und andauernd regnen'
dreeschen, draaschen
gießen
schitten (schütten)

nässeln
nieseln   ‚fein, sprühend regnen'
naß niedergehn
siefern
spriehn (sprühen)
drebbeln (tröpfeln)
for de Herrn räächn (für die Herren regnen)

Draasch, Dreesch
Floochе   ‚kurzer Regenguß'
Husch, Husche, Huscher
Plansch
Schitter (Schütter)
Schwabberich (Schwapperich)
Staube
Stieber
Sturps

iewer'sch Essen und Trinken

Is dei Mann recht kääbsch*?

Nee, eechentlich kann'ch dem alles vorsetzen. Aber neilich hatt'ch mah ne Bäbe* gemacht, die hatt'mer ze lange stehnlassen, un da war se dreiche* gewordn.

Da meente mei Mann: Die miß'mer titschen* wie frieher der sächssche Kenich.

Bloß bein Kaffee, da darf'ch keene Lorke* kochen, keen' Bliemchenkaffee*. Da werd mei Mann iezch* un tut rumbläken*: Die Blembe* trink'ch ni!

Frieher hammer'n immer aus'n Dippel* getrunken, aber chetz hammer Tassen.

Mei Mann, der will zun Ahmbrot ni cheden Taach bloß Bemm'*. Nee, der will oo mah Erdäppeln* un Quark oder mah enn Eintopp un Flecke* dran.

Frieher da hatte ich oo emal enn Freind, wenn de mit den unterwäächens warscht, der dachte in eener Tuhr* ans Fressen.

Kaum war'mer ne halbe Stunde geloofen, schonn wollte der einkehrn un suchte de nächste Kneipe. – Eema da hab'ch dann gefraacht: Haste denne egah solchen Hunger? Na cha, hat er gemeent, eechentlich haste recht: Derheeme schmeckts an besten, aber essen geht schen.

über das Essen und Trinken

Ist dein Mann recht wählerisch im Essen?

Nein, eigentlich kann ich ihm alles vorsetzen. Aber neulich hatte ich einmal einen Napfkuchen gebacken, den hatten wir zu lange stehenlassen, und da war er trocken geworden.

Da sagte mein Mann: Den müssen wir (in den Kaffee) eintauchen, wie früher der sächsische König. (Das ist eine Anspielung auf den letzten sächsischen König, der trockenen Kuchen immer eingetaucht haben soll!)

Bloß beim Kaffee, da darf ich keinen zu dünnen kochen, bei dem man noch auf dem Grund der Tasse die Blumenbemalung sehen kann. Da wird mein Mann zornig und schreit: Dieses Gesöff trinke ich nicht!

Früher haben wir ihn immer aus dem Töpfchen (ohne Untertasse) getrunken, aber jetzt haben wir Tassen.

Mein Mann will zum Abendbrot nicht jeden Tag nur Schnitten. Nein, er will auch mal Kartoffeln und Quark oder mal einen Eintopf mit Innereien.

Ich hatte früher auch einmal einen Freund, wenn man mit dem unterwegs war, dachte der fortwährend ans Essen.

Kaum war man eine halbe Stunde gelaufen, schon wollte er einkehren und suchte die nächste Kneipe. – Einmal habe ich ihn dann gefragt: Hast du denn immer solchen Hunger? Na ja, meinte er, eigentlich hast du recht: Zu Hause schmeckt es am besten, aber es ist eben schön zu essen.

„Spezialitäten" aus verschiedenen sächsischen Landschaften

Aschkuchen: ‚in einer runden, hohen Form, die früher aus Ton war und jetzt aus Blech ist, gebackener Rührkuchen' Vogtland, Erzgebirge und westliches Sachsen

Bäbe, die: derselbe Kuchen im östlichen Sachsen

Backs, der: ‚aus gekochten und geriebenen Kartoffeln, etwas Mehl, Zucker und Salz in der Pfanne gebackener großer Kartoffelpuffer'
besonders beliebt im Erzgebirge

Bemme, die: der für den Sachsen unverzichtbare Reiseproviant: ‚zwei zusammengeklappte beschmierte Scheiben Brot' (Wurst-, Butter-, Fett-, Käsebemmen)

Blinse, der oder die; Blinsen, der: ‚flacher, dünner in der Pfanne gebackener Eierkuchen'

Fiez, die: die „Bemme" der Erzgebirgler

Glitscher, die (Mehrzahl): ‚aus rohen geriebenen Kartoffeln, etwas Mehl, Zucker und Salz in der Pfanne gebackene kleine Kartoffelpuffer'
besonders beliebt im Erzgebirge

Neinerlei, das: ‚Gericht aus neun Bestandteilen, das am Heiligabend gegessen wurde', eine alte Lebensgewohnheit, die im Vogtland und Erzgebirge beheimatet war, und durch das berühmte erzgebirgische „Heiligabendlied" kennt man das Wort heute noch (*„Mer habn aa Neinerlaa gekocht, aah Worscht mit Sauerkraut"*). Die einzelnen Bestandteile hatten symbolische Bedeutung: Quellende Speisen (Hirse, Linsen) sollten wachsenden Reichtum andeuten, Fisch (Hering, Karpfen) sollte mit seinen Schuppen auf Geld hinweisen, und Brot, Salz und Kartoffeln, die nie ausgehen sollten, gehörten auf alle Fälle auch dazu.

Stolle, die; Stollen, der: das Gebäck, das zu Weihnachten in Sachsen in keinem Haushalt fehlt; *Stolle, die:* im Norden Sachsens; *Stollen, der:* im Süden Sachsens

Striezel, der: dasselbe Gebäck im Osten Sachsens

„Mer habn aa Neinerlaa gekocht,
aah Worscht mit Sauerkraut"

Elegante Pariser Mode auf sächsisch

Im 18. Jahrhundert war es in Europa vornehm und chic, französisch zu sprechen oder doch zumindest viele französische Wörter in den Redefluß einfließen zu lassen. Viele dieser damals modischen Wörter sind in die Volkssprache eingesickert und haben sich dort bis heute gehalten – auch in Sachsen. Oftmals wich ihre Bedeutung von der, die sie im Französischen haben, ein wenig ab. Lautlich wurden sie dem Sächsischen angepaßt und dabei häufig an andere sächsische Wörter angelehnt.

mir wurde's ganz blimerand (franz. **bleu mourant** ‚blaßblau, sterbend') ‚mir wurde angst und bange, mir wurde unwohl'

dort war e Demelee! (franz. **démelé** ‚Streit') ‚dort war Lärm, Aufregung, lautes Durcheinander'

heite bin'ch ganz laweede (franz. **la bête** ‚das Tier; verloren haben beim Kartenspiel') ‚heute bin ich ganz erschöpft, müde'

von der Hitze bin'ch ganz malade (franz. **malade** ‚krank') ‚von der Hitze bin ich ganz erschöpft, abgespannt'

gestern hab'ch Mallär gehabt (franz. **malheur** ‚Unglück') ‚gestern hab ich Pech gehabt'

das is e meschantes Weibsen! (franz. **mechant** ‚böse, schlecht') ‚das ist ein niederträchtiges, böses, unverschämtes Weibsbild!'

mit'n Wasser fern Kaffee, das muß mer genau absolfiern (franz. **observer** ‚beobachten') ‚das Wasser für den Kaffee muß man genau abmessen, berechnen'

unser Meester will immer s Pree alleene ham (franz. **pré-** ‚vor-') ‚unser Meister will immer den Vorrang, die Vormacht haben'

vor den hab'ch allen Rekord (franz. **regard** ‚Aufmerksamkeit') ‚vor dem habe ich Respekt, Ehrfurcht'

ich hab von' Vater ne Reformande gekricht (franz. **reprimande** ‚Verweis') ‚der Vater hat mich gerügt, mir eine Strafpredigt erteilt'

mach mich nich stiwiede mit deiner Ningelei! (franz. **stupide** ‚betäubt, dumm') ‚mach mich mit deinem fortgesetzten Weinen nicht verrückt!'

manche wolln immer an der Täte sein (franz. **tête** ‚Kopf') ‚manche wollen immer an der Spitze sein, etwas zu sagen haben'

mer missen derheeme ma grindlich Rangdewuh machen (franz. **rendez-vous** ‚Stelldichein, Sammelplatz') ‚wir müssen zu Hause mal gründlich aufräumen, Ordnung machen, sauber machen'

wenn der in Raasche kommt, kennste den nich wieder (franz. **rage** ‚Wut') ‚wenn der aufgeregt ist, in Wut gerät, kennst du ihn nicht wieder'

der kann weiter nischt wie räsonniern (franz. **raisonner** ‚Einwendungen machen') ‚der kann weiter nichts als schimpfen'

nu gings wieder retuhr (franz. **retour** ‚zurück') ‚nun ging es wieder zurück, wir sind umgekehrt'

da hab'ch Rundine drinne (franz. **routine** ‚Fertigkeit, Erfahrung') ‚in dieser Sache habe ich Erfahrung, das beherrsche ich'

Der gemiedliche (gemütliche) Sachse

Zwar sind die Sachsen *gemiedlich* (gemütlich), aber trotzdem beginnen sie schnell zu schimpfen und sich aufzuregen, wenn sich jemand zuviel Zeit läßt bei einer Arbeit oder irgend einer anderen Tätigkeit, z.B. beim Anziehen, wenn man fortgehen will. Da treibt der Ehemann seine Frau zu etwas mehr Eile an, und das klingt dann so:

Nu käs* d'ch endlich aus! Das dauert cha ehbch*, bis du fertch werscht. Los, kloß* d'ch aus!

Nun beeil dich doch! Es dauert ja ewig, bis du fertig wirst. Los, beeil dich!

Darauf antwortet die Frau:
Mach mich nich meschugge* mit deiner Quengelei*!

Mach mich nicht verrückt mit deinem fortgesetzten Drängen!

Er:
Nu Mensch, da mär* dich doch ooch mah aus! Kannst doch ni so de Zeit verblembern*! Mach bissel dalli*! Haue* hin!

Mensch, beeil dich! Du kannst doch nicht die Zeit so vergeuden. Los, beeil dich!

Sie:
Nu halte endlich de Gusche! Werscht schonn noch zur Zeit hinkomm' off deine Kuhbläke*.

Sei endlich still! Wirst schon noch pünktlich auf dieses abgelegene Dorf kommen.

Er:
Also du hast werklisch in Alter tichtsche Mucken* gekricht, weßte. Nu mache* hin, los nu, mache! Un fang bloß ni noch an ze dickschen*!

Also du hast wirklich sehr unangenehme Eigenheiten im Alter bekommen, weißt du. Nun beeil dich endlich! Und fange ja nicht noch an, beleidigt zu tun, zu schmollen!

Eine Situation, die ziemlich häufig im Alltag vorkommt, ist folgende: Es kommt unerwartet Besuch, die Hausfrau wird ein bißchen nervös und beginnt, ein Tischtuch und Servietten hervorzusuchen, das beste Geschirr aus dem Schrank zu räumen, Kaffee zu kochen, einen Imbiß vorzubereiten – kurzum, sie macht eine Menge Umstände um eine Lappalie. Darauf könnte der Besuch, wenn er aus Sachsen stammt, mit folgenden Bemerkungen reagieren:

Mach doch wäächen uns nich so'ne Berammlung!
Mach nich so viel Briehe (Brühe)**!**
Mach doch nich solche Fisemadenzchen!
Mach nich so viel Zutsch!
Tu dich doch wäächen uns nich umbring'n!
Du brauchst nich so viel Wäsens (Wesen) **zu machen!**
Mach nich so viel Wertschaft (Wirtschaft)**!**

De Leite unternander –
„Menschen im Verhältnis zueinander"

eener is n andern sei Teifel! (einer ist des anderen Teufel!)

In einer Kleingartenkolonie einer sächsischen Kleinstadt sitzen Rentner auf einer Bank. Es ist schönes Wetter; man unterhält sich – worüber wohl? Natürlich über die lieben Mitmenschen. Man lacht über jemanden, der sich gerade bei einem Einkauf hat übers Ohr hauen lassen:

**Das is doch e Dussel!
Da läßt der sich von der bleden Gans**

(gemeint ist eine Verkäuferin)
in den Laden oo noch bescheißen!

Aus dem Verhalten eines Menschen in einer bestimmten Situation fällt man sein Urteil, man kritisiert ihn, man wertet ihn, bezeichnet ihn wegen einer Unachtsamkeit als **Dussel** und die Verkäuferin, die man vielleicht wegen ihrer schnippisch-unverbindlichen Art nicht leiden kann, als **blöde Gans.** Ins Gesicht sagen würde man es wohl der Verkäuferin nicht, was man von ihr hält – aber so in der Gemeinschaft, auf der Bank in den Gärten, unter den vertrauten Mit-Rentnern, da **quatscht es sich so schen.** Das Sprechen im Dialekt schafft Vertraulichkeit, **enne gemietliche Stimmung** – aber auch umgekehrt: Die soziale Gemeinschaft, das Leben und das Vertrautsein miteinander auf relativ engem Raum, z.B. in einem Haus oder in einem Wohnviertel, fördert den Gebrauch der heimatlichen Sprache. Hier fühlt man sich wohl, hier braucht man die Worte nicht auf die Goldwaage zu legen, hier wird geredet, wie einem der Schnabel gewachsen ist. Das ist eine angenehme, irgendwie gefühlsmäßig wohltuende Atmosphäre, und auch wenn da über andere gelacht und geschimpft wird, das alles schafft trotzdem eine gewisse Behaglichkeit. Das ist wohl überall in Deutschland so, wo noch Mundart gesprochen wird, nicht nur in Sachsen, aber es klingt eben überall anders; die Melodie, die Laute, die Wörter, die Sätze sind überall andere.

Im folgenden wollen wir uns ein paar wenige ausgewählte sächsische Wörter ansehen, bei denen es um die Bewertung von Menschen, um die Einstellung zu unseren Mitmenschen geht, um das Einfangen von deren äußerer Erscheinung, ihrer Körpergröße und Kraft, um ihren Leibesumfang oder ihre Gesundheit, aber auch um die Erkenntnis ihrer Verhaltensweisen und ihrer Charaktereigenschaften, um Lauterkeit und Falschheit, um Klugheit oder Dummheit, um Unterwürfigkeit und Höflichkeit oder Arroganz. Mit dem Gebrauch der Wörter hat man aber auch eine Absicht im Sinn: Der eine kann einen anderen über einen Dritten lediglich informieren, er kann aber auch jemanden bewußt schlechtmachen und sich dabei selbst ins rechte Licht setzen, er kann durch das vielleicht böswillig gefällte Urteil über einen Dritten den Gesprächspartner auf seine Seite ziehen, kann Parteiungen schaffen. Gar manches kann man im Sinn haben, wenn man über Menschen spricht – ein Lob, daran anschließend sofort eine handfeste Kritik, eine Warnung vor einem Menschen, die vielleicht auf zuwenig Erfahrung beruht und den Gemeinten unberechtigt diffamiert? Betrachten wir ein paar Personenbezeichnungen näher; was fällt den Sachsen an ihren Mitmenschen auf, wie scharf sind sie in ihrem Urteil?

Ding(e)rich, der: Ein Wort, das vor allem im Vogtland, Erzgebirge und in der Oberlausitz vorkommt, seltener auch in den anderen sächsischen Gebieten. Es bezeichnet erwachsene männliche Personen, deren Charaktereigenschaften oder auch ihre äußere Erscheinung negativ auffallen: **das is e grober, e maulfauler, versoffner, aufgeblasner, eingebilder Dingrich.** – Das Wort kann aber auch die Originalität einer Person im positiven Sinne betonen: **e lustiger, alberner Dingerich** oder deren unnormale Größe und Stärke betonen, die mit Faulheit und Trägheit gepaart ist: **e grußer Dingerich, der n ganzen Taach in der Kneipe liecht.**

Drehmel, Drähmel, der: Ein Wort, das vor allem im Vogtland und Erzgebirge beheimatet ist, aber auch im meißnisch-lausitzischen Raum vorkommt. Es bezeichnet eine große, kräftige männliche Person, etwa ab 14 Jahre. An das Wort ist insofern eine negative Wertung gebunden, als an das Merkmal der Körpergröße das des Täppisch-Ungeschickten geknüpft wird: **so e alter großer Drehmel un bringt nischt zestande!**

Bommer, Bummer, der: Das Wort hat etwa die gleiche Verbreitung wie das vorhergehende. Es bezeichnet ein dickes, kräftiges Kind bis etwa fünf Jahre, unterlegt aber – im Gegensatz zu **Drehmel** – eine positive Wertung, die auf das Kernig-Gesunde hinzielt: **erscht war er so hiefrich** (schwächlich), **un chetz is es e richtcher Bommer worn.**

Ferl(i)chen, das: Hier handelt es sich um ein altes Wort aus dem meißnisch-lausitzischen Raum. Es bezeichnet ein kleines, zierliches Kind bis etwa zwölf Jahre. Die Bezeichnung wird aber auch häufig auf Erwachsene übertragen. An das Wort ist eine positive Wertung gekoppelt, die auf die Flinkheit, Emsigkeit und Wendigkeit einer Person hinzielt: **die rennt noch wie so e Ferlichen.**

Blaatsch, der: Das Wort kommt in ganz Sachsen vor und bezeichnet eine ungeschickte männliche Person etwa von fünf Jahren an, also einen Tolpatsch: **du Blaatsch hast oo ze nischt Geschicke! Haste dir schon wieder off de Foten gekloppt, du Blaatsch?**

Reff, das: Das ist ein in Sachsen häufig gebrauchtes Wort. Es bezeichnet erwachsene weibliche Personen, die sowohl in der äußeren Erscheinung als auch in ihren Charaktereigenschaften vom Normalen stark negativ abweichen. Man benutzt es, wenn man eine Frau als alt, häßlich, bösartig, zänkisch und gehässig hinstellen will, sie beschimpfen will: **das alte Reff mag meintswäächen der Teifel holn!**

Strunze, die: Ein allmählich in ganz Sachsen veraltendes Wort, das große und kräftige weibliche Personen etwa im Alter zwischen 12 und 18 Jahren bezeichnet. Ihm haftet eine stark negative Wertung an, die auf die Faulheit und Ungeschicktheit hinzielt: **die Strunze kennt oo mah enn Handgriff mit machen!**

Botten, der: Das im gesamten Sächsischen belegte Wort bezeichnet eine männliche Person etwa von zwölf Jahren an, die im Verhalten und in den Charaktereigenschaften stark negativ vom Normalen abweicht. Die gemeinten Personen sind frech (besonders Kinder und Jugendliche), boshaft und gehässig oder gar gemein. Das Wort dient auch als Schimpfwort: **der Botten folcht** (gehorcht) **doch ieberhaupt ni! Den Botten hau'ch de Schnauze voll!**

Fist, der: Das Wort ist nur noch selten im Sächsischen zu hören. Es bezeichnet einen empfindlichen, anfälligen, zu Kränklichkeit neigenden Jungen im Alter von etwa zwei bis zwölf Jahren. Das Wort drückt Mitgefühl aus und will auch Mitleid erregen: **na, is denn unser kleener Fist wieder off'n Damme** (wieder gesund)**?**

Godel, der: Ein Wort aus der Lausitz, das eine erwachsene männliche Person bezeichnet, die in ihrem Äußeren, also ihrer Gestalt und ihrer Kleidung, und ihrem Verhalten negativ vom Normalen abweicht. Die Abwertung, die dem Wort innewohnt, zielt nie auf die Charaktereigenschaften einer Person hin und ist deswegen nicht diffamierend. Es handelt sich also um gutmütig-harmlose Kritik, einen Tadel, den man sich gefallen lassen kann: **der alberne Godel weeß ni, was er will. Der Godel hat ze nischte Geschicke.**

Ohwätscherle, das: Ein Wort, das nur im Vogtländischen bekannt und auch dort im Veralten begriffen ist, so daß es nur noch von alten Menschen benutzt und verstanden wird. Es kann in verschiedenen Lautungen auftreten: Oh-, Ahwätscherle, Oh-, Ahwietscherle, Oh-, Ahwätschlich u. a.; seine Herkunft ist den Sprachwissenschaftlern bis heute unklar. Es bezeichnet ein Lebewesen, und zwar meist ein kleines Kind, mit dem man Mitleid hat, weil es in seiner körperlichen und geistigen Entwicklung zurückgeblieben ist. Das Wort drückt aber lediglich Mitleid aus, und man benutzt es nicht, um sich über das betreffende Kind lustig zu machen oder gar um es zu beschimpfen.

Machen wir uns noch ein paar Gedanken über den Gebrauch dieser Wörter. Häufig ist es so, daß eine ganz konkrete alltägliche Situation das bestimmte Wort geradezu herausfordert: Der Vater hat in der Küche durch eine Ungeschicklichkeit Wasser verschüttet. Sofort ist er ein **Blaatsch.** – Hinter anderen Wörtern steckt eine gewisse Abstraktion. Es begegnet uns ein großer, kräftiger Mensch. Er bewegt sich unbeholfen. Man schließt auf seine Ungeschicklichkeit, vielleicht sogar eine gewisse Trägheit oder gar Faulheit und nennt ihn einen **Drehmel.** – Der Anblick eines gutgenährten, gesund aussehenden Kleinkindes erzeugt jenes gute Gefühl, das den Sprecher zu dem Wort **Bommer** greifen läßt. – Die Verwendung eines solch bösartigen Wortes wie **Reff** oder **Strunze** dagegen setzt mehr voraus, nämlich daß man einen Menschen nicht nur flüchtig in einer ganz bestimmten Situation kennengelernt oder beobachtet hat, sondern sie beruht auf der Kenntnis von Charaktereigenschaften und damit auf der Bekanntschaft mit einem Menschen über einen längeren Zeitraum hin. Nach einem flüchtigen Kennenlernen sollte man solch verurteilende Wörter nicht gebrauchen. Aber überlegt man sich auch immer genau, was man sagt? Hat man sich im Gespräch ständig unter der Kontrolle durch den Verstand? Auch beim **gemietlichen Sachsen** geraten hin und wieder die Gefühle in Wallung, die Sicherungen brennen durch und: ...

Wemmer in Raasche kommt:

Allen Rekord* hab'ch dervor, wenn de Leite in Raasche* komm', wenn se sich gächenseitch eene Reformande* nach der andern verpassen, sich Grobheeten saachen.

Wenn s'ch eener ganz ungeschickt anstellt, zwee linksche Foten hat und oo ewas ni glei kapiert, weil er ni besondersch helle is, da saacht mer:

**das is e Dämel,
e Dunsel,
e Dussel,
enne Nappsilze** (Napfsülze)**,
e Nieselbriem,
enne Feife** (Pfeife)**,
enne Flaume** (Pflaume)**,
e Blaatsch.**

Wemmer off chemanden eefach Wut hat, dann schmeißt mer dem gemeene Werter an dn Nischel:

du Armleichter (Armleuchter, eigentlich gebremstes: Arschloch)**,
du Hornochse,
du Knallkopp,
du elender Griebel** (Krüppel)**,
du Leckarsch!**

Wenn man in Wut gerät:

Angst, Respekt habe ich davor, wenn die Leute in Wut geraten, wenn sie sich gegenseitig eine Strafpredigt nach der anderen halten, sich Grobheiten sagen.

Wenn sich jemand recht ungeschickt anstellt, zwei linke Hände hat und auch etwas nicht gleich versteht, weil er nicht besonders klug ist, da sagt man:

das ist ein

‚Tolpatsch'

Wenn man auf jemanden einfach Wut hat, dann wirft man ihm gemeine, böse Wörter an den Kopf:

Wenn jemand ganz besonders bösartig und durchtrieben ist, dabei aber auch schlau und listig, dann bezeichnet man ihn mit Vorliebe als

Aas
oder
Luder

und wenn die Verhaltensweise von jemandem schon ans Kriminelle grenzt, dann spricht man über solche Personen als:

**das is e Haderlump,
das is e Halunke,
das is e Lumich,
das is e Schweinehund.**

Wenn jemand im persönlichen Umgang alle guten Manieren vergißt und sich ungehörig verhält, grob oder fast schon brutal ist, dann ist er:

>**e Fläz,**
>**e Runks,**
>**e Stießel,**
>**e Stinkstiefel.**

Wenn es sich dabei um Kinder oder Jugendliche handelt, ist der Inhalt der Wörter nicht so bösartig. Es schwingt immer noch ein bißchen Sympathie mit, wenn man ungezogene Kinder als

>**Blase,**
>**Borschtwisch** (Borstwisch, eigentlich Bezeichnung für einen ‚kleinen Handbesen'),
>**Briezel,**
>**Lauserettch** bezeichnet.

Besonders gern nimmt man jene Menschen aufs Korn, die es lieben, sich hervorzutun, die nach außen gern den feinen Herrn oder die vornehme Dame spielen, hinter denen in Wirklichkeit aber nicht viel steckt. Man bezeichnet diese Leute als

>**Lackaffen** oder **lackierte Affen,**

oder man sagt: **Der gibt an wie Graf Googs** (Koks),

>**das is e elender Fatzke,**
>**das is e Schnakenhascher,**

und wenn jemand fortgesetzt mit Worten prahlt, übertreibt und angibt, dann ist er

>**e Pranzer,**
>**enne Großfresse,**
>**enne Großgusche,**
>**enne Großschnauze.**

Natürlich sind auch die Leute im Visier der Kritik, die einfach gerne reden, die die Zeit mit langem und belanglosem Geschwätz totschlagen, die stundenlang an der Ecke stehen und

>**babeln,**
>**klatschen,**
>**labern,**
>**latschen,**
>**palavern,**

**quasseln,
quatschen,
quattern,
schlabbern,
schwadern,
schwafeln,
tratschen.**

Die weiblichen von ihnen bezeichnet man mit **-jule**, **-liese** oder **-suse**, die männlichen meist mit **-fritze**, also z.B.: **Babelsuse, Laberfritze, Quasseljule, Tratschliese** – aber auch Bezeichnungen wie **Babbergusche, Klatschtante, Märsack, Schand-** und **Schnattergusche** oder **Waschweib** sind beliebt.

Diese Wortbildungen vom Typ **Quasselfritze** oder **Heulsuse**, wie sie hier aufgeführt worden sind, sind nicht nur von ihrer äußeren Gestalt her charakteristisch für die alltägliche Sprache des Volkes, weil in ihrem ersten Glied Verben aus der Alltagssprache stehen und weil sie als Grundwörter früher häufig gebrauchte volkstümliche Vornamen verwenden, sondern auch von ihrer inhaltlichen Seite. Sie tadeln und kritisieren zwar, aber sie sind nicht bösartig oder gar beleidigend. Die Tätigkeiten, die da im ersten Teil dieser Wortzusammensetzungen genannt werden, sind relativ sinn- und zwecklos und sie sind fortgesetzt (in dümmlicher Art und Weise) wiederholbar – und das hängt wohl beides ursächlich zusammen. Man kann eben fortgesetzt **quasseln** und **labern**, ohne wirklich etwas (Sinnvolles) zu **sagen**, ohne zu **sprechen** oder zu **reden**; den **Sprech-** oder **Redefritze** gibt es deshalb eben nicht. Ähnlich verhält es sich mit dem **Ningeln** und **Heulen**, das Kinder manchmal fortgesetzt tun, ohne einen wirklichen Grund zu haben und damit zu **Ningel-** oder **Heulsusen** werden, während es sich mit dem **Weinen** anders verhält, und deshalb gibt es in der Volkssprache eben keine **Weinsuse**. Sehen wir uns die beiden bedeutungsähnlichen Wörter **schwindeln** und **lügen** an, so finden wir Ähnliches: **Schwindeln** kann man fortgesetzt und sogar ohne echte Gründe, und denjenigen, der das tut, den erkennt man bald und tadelt ihn als **Schwindelfritze**; den **Lügfritze** dagegen gibt es in der Sprache nicht, sondern nur den **Lügner**, und diese Bezeichnung ist viel ernsthafter. Sie gehört schon in die Amtssprache des Gerichtes und nicht mehr in die Sphäre, in der wir uns hier bewegen wollen, nämlich in der Alltagssprache der einfachen Menschen; und hier sind es die alltäglichen, die „läßlichen" Sünden, die sprachlich ausgedrückt werden, und nicht diejenigen, die vor Gericht behandelt werden.

Wemmer off chemanden eefach Wut hat, dann schmeißt mer dem gemeene Werter an dn Nischel:
du Armleichter, du Hornochse, du Knallkopp, du elender Griebel, du Leckarsch!

Was tu'mer'n chetz nu machen?

‚Was ist jetzt zu tun?
Was stellen wir jetzt an?
Wie finden wir einen Ausweg?'

Eine besondere Vorliebe herrscht in der Sprache des Volkes für die beiden Wörter **tun** und **machen**. Obwohl die Lehrer in der Schule sie stets rot anstreichen, sind sie aus dem Alltag aller deutschen Sprachlandschaften nicht mehr wegzudenken, weil sie so vielfältig verwendbar sind. Auch das Sächsische **macht** hier keine Ausnahme:

mer machen enn Schkat	wir spielen ein bißchen Skat
du machst tichtchen Krach	du verbreitest tüchtigen Lärm
se macht sich hibsch	sie putzt sich heraus, sie kleidet sich vornehm
se macht egah reene	fortwährend reinigt und putzt sie ihre Wohnung
was machst'n morchen ze mittache?	was bereitest du denn morgen zum Mittagessen?
du mußt dir noch de Haare machen	du mußt dich noch frisieren
wie mersch macht, is es verkehrt	wie man es auch anstellt, es ist falsch
mit mir kenntersch cha machen	mich könnt ihr ja behandeln, wie ihr wollt (ich habe keine Mittel, um mich zu wehren)
was macht'n deine Alte?	wie geht es denn deiner Frau?
der werd's nich mehr lange machen	er wird bald sterben
er macht Kasse (beliebte Wendung aus der alten DDR-Zeit)	er ist krank (er bekommt sein Geld von der Krankenkasse)

Besonders häufig ist in der Chemnitzer Gegend ist **machen** in folgenden Verwendungsweisen:

ich mache hemm	ich gehe nach Hause
mir machen hier weg	wir verlassen diese Gegend hier
die sin hier weggemacht	die sind verzogen
Wo mach'n Sie'n dieses Jahr hin? – Nach Italchen. Da mach'n mer ooch noch hin.	Wo werden Sie in diesem Jahr Ihren Urlaub verbringen? – In Italien. Dahin möchten wir auch noch verreisen

Einige Kostproben für den Gebrauch von **tun:**

tun Kaffee off'n Ofen	stell den Kaffee auf den Ofen
er hat egah ze tun	er ist immerzu beschäftigt
hätt'mersch ni, da tät mersch ni	entschuldigt bitte den Aufwand, aber wir sind nun mal wohlhabend und können es uns leisten (euch so gut zu bewirten)
tu mer nischt, ich tu dir oo nischt	wir wollen uns doch nicht gegenseitig Schaden zufügen, sondern miteinander auskommen
die tut aber	sie ziert sich, sie täuscht Vornehmheit vor
mer tun selber backen	wir backen selbst (wir kaufen den Kuchen nicht beim Bäcker)
ich tät gerne komm'	ich würde gern kommen

Die hier aufgeführte kleine Auswahl von Beispielen des Wortes **machen** zeigt – wenn man bereit ist, ein bißchen darüber nachzudenken – die Vielgestaltigkeit seiner Bedeutungsschattierungen:

1. **einen Skat machen**	‚sich mit etwas Konkretem beschäftigen, sich mit etwas die Zeit vertreiben; spielen'
2. **Krach machen**	‚etwas hervorrufen, etwas erzeugen, das nicht gegenständlich ist'
3. **sich hübsch machen**	‚etwas (sich selbst) in seinem Zustand durch aktiven Eingriff verändern'
4. **rein(e) machen**	‚etwas (Gegenstände) in seinem Zustand durch aktiven Eingriff verändern'
5. **etwas zu mittag machen**	‚etwas (Speisen) eingreifend verändern, zubereiten; kochen'
6. **die Haare machen**	‚etwas durch aktiven Eingriff (wieder) in Ordnung bringen'
7. **wie man es macht, ist es verkehrt**	‚tätig sein und dabei etwas leisten, etwas schaffen'
8. **mit mir könnt ihr es ja machen**	‚auf jemanden einwirken, jemanden behandeln'
9. **was macht denn deine Alte**	‚sich in einem bestimmten Zustand befinden'
10. **der wird es nicht mehr lange machen**	‚die Lebenszeit verbringen, leben'
11. **Kasse machen**	‚Zeit verbringen'
12. **heim-, wegmachen**	‚sich räumlich verändern, an einen anderen Ort begeben; fahren, gehen'

Geh nich zu dein' Ferscht, wenn de nich gerufen werscht!

Wie man sich in der Welt zurechtfindet und wie man gut durchkommt, wie man seinen Körper und seine Seele möglichst unbeschadet durchs Leben steuert, all die Lebenserfahrungen, das Weltwissen – aber auch das Gewissen, die feine moralische Empfindsamkeit der Menschen finden sich in den zahllosen Sprichwörtern und Redensarten, den festen Wendungen und Reimen, die vor allem alte Leute immer parat haben, wenn sie den Jungen einen Rat fürs Leben geben wollen.

Hinter dem so herrlich sächsisch sich reimenden

**„Geh nich zu dein' Ferscht,
wenn de nich gerufen werscht!"**

steckt viel Erfahrung und viel Klugheit. ‚Geh nicht aus freien Stücken zu deinem Chef!', denn sicher wird er dich sofort ausnützen, er wird etwas von dir wollen, dich um etwas bitten, was du nicht vorher ahnen konntest. Auch auf ein Amt, eine Behörde solltest du nur gehen, wenn es unbedingt notwendig ist, denn vielleicht ist dein persönliches Anliegen, was du vorbringen willst, nicht ganz ehrenhaft, vielleicht willst du sogar einen anderen schlechtmachen, ihn womöglich denunzieren? Überleg es dir gut, eh du etwas sagst! Bring dich nicht selbst in ein schlechtes Licht!

S is, wie s is – schiefer Arsch, schiefer Schiß.

Auf den ersten Blick scheint das ein dahingesagter Allgemeinplatz, ein Nonsens-Reim. Aber es steckt wohl die menschliche Einsicht dahinter, daß man die Gegebenheiten oft im Leben hinnehmen muß, daß man mit ihnen fertigwerden muß und sich nicht fortgesetzt auflehnen kann.

Der Teifel scheißt immer uff'n greßten Haufen

‚bei den Reichen wird der Reichtum immer größer, und meist haben sie auch noch Glück dabei'.

Sehr häufig sind es Körperteile, die im Zentrum der Redensarten stehen:

Mer darf ni bloß s Maul spitzen, mer muß oo feifen!

‚man darf nicht nur um eine Sache herumreden, man muß auch handeln; man darf nicht nur immerzu mit Worten drohen, man muß auch mal bestrafen',

> **der tut's Maul recht vollnähm'**

sagt man über jemanden, der sehr viel verspricht, was er dann nicht halten kann,

> **wenn eener de Zähne zeicht, muß mer oo gewärtch sin, daß er beißt**

‚wenn sich jemand drohend und aggressiv verhält, muß man gewärtig sein, daß er entsprechend handelt',

> **der hat de große Klappe und keen' Zahn in der Gusche**

sagt man über jedmanden, der nur redet und nicht entsprechend handelt,

> **guck dir deine Mutter noch mah an, eh dir de Oochen zuwachsen!**

sagt man zu jemandem, der immer dicker und fetter wird,

> **da warn de Oochen greßer wie der Maachen**

sagt man, wenn sich jemand eine zu große Portion auf den Teller gelegt hat,

> **das ging ins Ooche**

‚das ging schief, das mißglückte',

> **da werschte Oochen machen!**

‚da wirst du staunen!'

Einige sächsische Körperteile

Für **einige Körperteile** hält die Volkssprache eine Vielzahl von Bezeichnungen bereit. Meist sind sie bildhaft umschreibend und nicht ganz ernst gemeint:

Bauch: **Balch** (Balg)
Botten
Bottch (Bottich)
Kerbs (Kürbis)
Banzen (Panzen)
Pauke
Ranzen
Rump (Rumpf)
Trommel
Wamme
Wanne
Wanst

Beine: **Gichtruten**
Gräten
Kackständer
Gnewwertzchen (Knöberzchen)
Knochen
Knorzeln
Krakeln
Krautstamper (Krautstampfer)
Loofstecken (Laufstecken)
Stamper (Stampfer)
Ständer
Stelzen

Füße: **Beene** (Beine)
Flossen
Flurschadenbretter
Gondeln
Gnewwertzchen (Knöberzchen)
Knochen
Krakeln
Laatschen
Mauken
Quanten
Schweeßbemm' (Schweißbemmen)

Gesäß: **Arm**
Fernsfurche (Firnisfurche)
Hinterschter (Hinterster)
Hintervertel (Hinterviertel)
Loch
Bube (Pupe)
Sechser

Nase: **Gieke**
Gurke
Haspen
Kolben
Leetkolben (Lötkolben)
Nanni
Nille (Nülle)
Rotzdude (Rotztute)
Schnarchhaken
Dude (Tute)
Zinken

Kopf: **Bahnhof**
Bänert
Bärschel
Berne (Birne)
Dez
Dunstkiepe
Dunstkuller
Ferns'che (Firnis'che)
Gipskuller
Heed (Haupt)
Hirnkästel
Horns'che
Kolbe
Kuller
Kerbs (Kürbis)
Melone
Nips
Nischel
Omme
Riebe (Rübe)
Schale
Schweller
Simbelierkugel
Steppel (Stöpfel)
Wippel (Wipfel)
Zinder

„... was die feine Welt scheu abweist ..."

Die Sprache des Volkes ist deftig, sie sucht nach Ausdruckskraft. **Ooch in Sachsen ziert mer sich nich, is nich etepetete** bei der Wahl seiner Wörter und Ausdrücke. Wie in anderen deutschen Landschaften auch hat man seine Vorliebe für **Arsch, Scheiße** und **scheißen.** Das zeigt sich vor allem daran, daß es eine Vielzahl von Redensarten und festen Wendungen gibt, in denen sie vorkommen. Wenn schon Goethe in seiner Urfassung des „Götz von Berlichingen" nicht zurückschreckte vor dem Gebrauch jener so köstlich-bildhaften Verwendung des Wortes **Arsch,** warum sollte dann dieses Büchlein, das die Volkssprache einer Landschaft einfangen will, nicht gerade an dieser Stelle aus dem vollen schöpfen? In dem Artikel zum Wort **Arsch** schreiben die Brüder Grimm in ihrem ‚Deutschen Wörterbuch' (Band I, Leipzig 1854, Spalte 564): „In einer großen Anzahl von derbkräftigen, oft sinnreichen und poetisch gewandten Redensarten des Volkes, welche die feine Welt scheu abweist, spielt dies Wort eine Hauptrolle." Vielleicht wird im folgenden auch deutlich, daß diese Wörter häufig gar nicht als anstößig-vulgär empfunden werden, sondern als kraftvoll, lustig und die Sprache belebend. Ein köstliches Beispiel dafür ist doch, wenn ein Schwimmeister zu einem kleinen Jungen, der soeben seine ersten erfolgreichen selbständigen Schwimmbewegungen macht, sagt: **„Nu bloß noch ne Zigarre in' Arsch un der Dampfer is fertch!"**

Immer sind es im Leben oft wiederkehrende Gegebenheiten, Situationen oder Verhaltensweisen, die eine fest gefügte sprachliche Wendung beim Sprecher geradezu herausfordern:

Se hat enn Arsch wie e Tausendtalerferd	sagt man, wenn eine Frau ein sehr kräftiges Hinterteil hat.
Der hat Ameisen in Arsche	sagt man, wenn jemand sehr unruhig ist.
Ich muß mir n Arsch auswärm'	sagt man, wenn man gefroren hat.
Das kannste dir an' Arsche abfingern	sagt man, wenn etwas ganz einfach zu verstehen ist.
Hier stehste dir de Beene in' Arsch	sagt man, wenn man lange warten muß.
Se tut sich de Beene von Arsch renn'	sagt man, wenn jemand immer auf den Beinen ist.
Das paßt wie der Arsch off'n Eemer	sagt man, wenn etwas vorzüglich paßt.
Ich kann nich mit een' Arsch off zwee Hochzeiten sein	sagt man, um auszudrücken, daß man sich nur einer Sache widmen kann.
Das Hemde sitt doch aus wie dorch'n Arsch gezoochen.	Das Hemd sieht schnuddelig und zerknittert aus.

Du sist aus wie e geleckter Arsch.	Du siehst sauber und ordentlich aus.
Ich hupp dir glei mit'n nackchen Arsch ins Gesichte	sagt man, wenn man sich über jemanden ärgert und ihm droht.
Der Arsch hat sich gespalten	sagt man beim Skatspiel, wenn beide Parteien 60 Augen haben.
Dem is jeder Pfengk an' Arsch gebacken	

oder

Der sitzt mit'n Arsch off'n Gelde	sagt man von einem Geizigen.
Der hat Pech an Arsche	sagt man von jemandem, der bei einem Besuch zu lange bleibt.
Der schläft sich Maden in den Arsch	

oder

Der schläft, bis'n de Sonne in den Arsch scheint	sagt man von einem Langschläfer.
Dir wern se n Arsch schonn offreißen!	Dir wird man das Arbeiten schon beibringen!
Da wird dir der Arsch nich rosten	sagt man, wenn jemand einen besonders fetten Happen ißt.
Ich kennte mich in' Arsch beißen	sagt man, wenn man sich über sich selbst ärgert.
Da werschte dich off'n Arsch setzen.	Da wirst du dich aber wundern.
Da mußte sehn, wie de mit'n Arsch an de Wand kommst.	Du mußt sehen, wie du aus der mißlichen Lage herauskommst.
Dem geht der Arsch.	Er hat Angst.
Du tätst n Arsch vergessen, wenn er nich angewachsen wär	sagt man, wenn jemand überall etwas liegenläßt.
Was der mit'n Händen offbaut, reißt er mit'n Arsche widder ein	sagt man, wenn jemand nichts Richtiges zustande bringt.
Dazu hat der n Arsch zu weit hinten.	Dazu ist der nicht in der Lage.
Der hat kee Hemde off'n Arsch.	Er ist arm.
Die sin wie Arsch un Hemde.	Sie sind unzertrennlich.
Den ham se an Arsche.	Er wird fortgesetzt bedroht und schikaniert.

Da muß mer sich in' Arsch nein schäm'.	Man muß sich tüchtig schämen.
de Gedanken in Arsch ham	vergeßlich sein
Mach's Maul zu, der Arsch werd kalt!	sagt man, wenn jemand endlich den Mund halten soll.
Geht immer der Nase nach, da geht der Arsch nich irre!	Geht immer geradeaus!
Der kriecht mir in' Arsch.	Er ist mir unterwürfig.
Dort werd dir kee Zucker in' Arsch geblasen.	Dort wirst du hart behandelt.
Das hat keen' Arsch.	Das hat keinen Sinn.
Das is in' Arsch.	Das ist entzwei.
Der kann mit'n Arsch nich hoch.	Er ist mittellos.
Da guckste der Katze in' Arsch.	Da hast du das Nachsehen.
Deswäächen greif'ch mer ni an Arsch.	Das ist mir zu gering, zu wenig wert.
Deswäächen riskier ich ni mein' Arsch.	
oder	
Deswäächen beschind ich mir ni n Arsch.	Wegen dieser Lappalie riskiere ich nichts.
Da haste dir ne Rute off'n Arsch gebund'n.	Da hast du dir selbst etwas aufgebürdet.
Dem hat es in' Arsch gedreescht (stark geregnet).	Er hat Pech gehabt.
Die wissen sich in' Arsch keen' Rat.	Sie sind ratlos.
Ihr wißt enn alten Arsch!	Ihr wißt gar nichts!

Morchenstunde hat Blei in Arsche

Die bekannte Redensart von der **Morgenstunde** wird gern verballhornt: **Morchenstunde hat Blei in Arsche**, und wenn man sich über ein Geschehnis wundert, sagt man: **Was alles so vorkommt, sogar der Arsch untern Hemde.** – Wenn man resignierend die Unveränderlichkeit des Ganges der Ereignisse resümiert, dann folgt die Feststellung: **So is es un so warsch, nach'n Ricken kommt der Arsch.** Und beim Fluchen darf der **Arsch** nicht fehlen: **Himmel, Arsch un Zwern** (Zwirn)!

Dem Tod versucht man ironisch-distanziert, mit einem Scherz zu begegnen, und sagt von einem, der gestorben ist: **Sein Arsch hat Feierahmd** oder **er hat enn kalten Arsch gekricht**, und als Lebensweisheit heißt es ironisch: **Immer lustch un vergniecht** (vergnügt), **bis der Arsch in Sarche** (Sarg) **liecht.**

Der is in de Scheiße gelaatscht ‚er hat Glück', ... **un wenn's Scheiße räächent** ‚auch bei schlechtem Wetter', **der hat Scheiße in' Foten** ‚er ist ungeschickt', **der hat Scheiße in' Hosen** ‚er hat Angst', **ich habe doch keene Scheiße in' Oochen** ‚ich bin doch nicht blind', **der hat mich durch de Scheiße gezoochen** ‚er hat mich schlechtgemacht', **egah enne andre Scheiße** ‚immerzu eine neue mißliche Situation', **es is Scheiße, wemmer mit Scheiße handelt und hat kee Maß!** sagt man, wenn man sich in einer mißlichen Situation befindet, **Scheiße warsch!** ‚es wurde nichts daraus', **Scheiße, mei Buddel!** ‚daraus wird nichts, mein Lieber!', **du Stick Scheiße!** ist eines der gröbsten Schimpfwörter.

Laß dir ni off'n Kopp scheißen! ‚laß dir nicht alles gefallen!', **besser wie in de Hosen geschissen!** ‚besser als gar nichts!', **du kommst schonn ma wieder in mei Dorf nach Buttermilch – in Kruuch wer'ch dir scheißen!** ‚wenn du mich mal wieder brauchst, werde ich dir deine Unfreundlichkeit heimzahlen!', **lecke Fett, da scheißte keene Knochen!** ‚da läßt du es eben bleiben!', **so genau scheißt kee Hund** ‚so genau brauchst du es nicht zu nehmen', **bis dahin scheißt noch mancher Voochel von Dache** ‚bis dahin vergeht noch viel Zeit', **der Teifel scheißt off'n greßten Haufen** ‚wer schon viel hat, bekommt noch mehr dazu', **scheiß doch droff!** ‚beachte es nicht, es ist gleichgültig!', **scheiß off'n Forz, da laß mer enn andern** ‚gräm dich nicht, es ist nun vorbei und nicht mehr zu ändern', **ich wer' dir was scheißen!** ‚ich werde dir diesen Gefallen nicht tun', **der Hund werd dir eens scheißen!** ‚dieser Wunsch wird dir nicht erfüllt!', **der hat immer was ze scheißen** ‚fortgesetzt muß er dazwischenreden und Wünsche äußern'.

Wenn jemand den Durchfall hat, dann übertreibt der Volksmund und sagt: **der scheißt ieber siem** (sieben) **Beete weg,** und wenn man jemandem klar machen möchte, daß auch er nicht immer alles ganz genau und korrekt macht, dann sagt man **du scheißt ooch nich alle Fleckchen grade.** – Eine Volksweisheit kommt in dem Vers'chen zum Ausdruck:

> **Is das Mädchen noch so schen** (schön, gut gekleidet),
> **muß es doch ooch scheißen gehn.**

Der folgende Vers ist dagegen wohl nur eine derb-volkstümliche Zote:

> **Ne ahle** (alte) **Frau wollt scheißen gehn,**
> **da war de Tier** (Tür) **verschlossen.**
> **Da sahg** (sah) **se anne Litter** (Leiter) **stehn,**
> **da schiß se dorch de Sprossen.**

Unter vielen Leuten bekannt ist bis heute der Kinderreim:

> **Schenken, scheißen, Schiebbock** (Schubkarre) **schiem**
> **werd mit s-c-h geschriem.**

Wichtige Wörter

auskäsen: ‚sich bei einer Tätigkeit nicht endlos viel Zeit lassen, sondern sich beeilen, sich beim Sprechen kurz fassen, die Zeit der Mitmenschen nicht über Gebühr beanspruchen'

auskloßen: dasselbe wie → auskäsen

ausmären: dasselbe wie → auskäsen

Bäbe f.: ‚in einer runden, hohen Form, die früher aus Ton war und jetzt aus Blech ist, gebackener Rührkuchen'

badallchen: → rumbadallchen

Bemme f.: ‚zwei zusammengeklappte belegte Scheiben Brot'

bitschenaß: ‚völlig durchnäßt, naß bis auf die Haut'

bläken: → rumbläken

Blauze f.: ‚Lunge, Brust' (fast nur in der Redensart gebraucht: **ich habe es auf der Blauze** ‚ich habe Bronchitis')

Blembe f.: ‚unschmackhaftes Getränk, dünner Kaffee, dünne Suppe'

Bliemchen(kaffee) m.: ‚dünner Kaffee, Malz-, Ersatzkaffee'

Buffertzche f.: ‚Schuppen, Bude; altes baufälliges Haus, kaum noch bewohnbares Zimmer'

dalli: ‚schnell'

derheeme: ‚daheim, zu Hause'

Dibbel n.: ‚große Tasse (ohne Untertasse), „Töpflein"'

dickschen: ‚schmollen, sich trotzig verhalten (häufig von Kindern, aber auch von Erwachsenen)'

draaschen, dreeschen: ‚stark regnen'

egah: ‚fortwährend, immerzu'

ehbch: ‚übermäßig lange, fortwährend, sich oft wiederholend, „ewig"'

ei-verbibbch: Ausruf der Verwunderung, nicht ganz ernst gemeinter Fluch

Erbern, Erdäppeln Pl.: ‚Kartoffeln, „Erdbirnen, Erdäpfel"'

fichelant: ‚geschickt, gewandt, beweglich; aufmerksam, aufgeweckt, klug'

Fisemadenzchen Pl.: ‚Ausflüchte, Umstände, Dummheiten; Versuche, etwas Unangenehmes hinauszuzögern'

Flecke Pl.: ‚als Speise zubereitete Innereien, Kaldaunen'

gäägch: ‚bleich, blaß, kränklich aussehend'

gemietlich: ‚gemütlich, bequem'

Gnewwertzchen Pl.: ‚Hände, Füße, Finger, Zehen, Beine'

35

gräätsch machen: ‚schlapp werden, zusammenbrechen, sterben'

halblappch: ‚mittelmäßig; weder gut, noch schlecht'

helle: ‚aufgeweckt, klug, gescheit'

hinhauen: ‚sich beeilen'

hinmachen: ‚sich beeilen'

Husche f.: ‚kurzer Regenschauer, kleines Feuer im Ofen'

iezch: ‚zornig, wütend'

kääbsch: ‚wählerisch beim Essen'

käsen: → auskäsen

kloßen: → auskloßen

Kuhbläke f.: ‚vom Verkehr abgelegenes, schwer erreichbares, kleines Dorf'

Laatschen Pl.: ‚alte Schuhe, Hausschuhe; Füße'

laweete: ‚noch nicht vollständig kaputt, aber sehr schadhaft; erschöpft, müde, kränklich'

Lorke f.: ‚dünner Kaffee'

malade: ‚matt, abgespannt (nach einer Krankheit oder körperlichen Anstrengung)'

mären: → ausmären

Mauge f.: ‚Lust, Neigung; Kraft'

meschugge: ‚verrückt, nicht bei Sinnen'

Motschegiebchen n.: ‚Marienkäfer'

Mucken Pl.: ‚unangenehme Eigenheiten, Launen'

Muddelchen n.: ‚belanglose, nebensächliche Arbeiten; Tätigkeit, die man nebenbei verrichtet'

närrsch: ‚verrückt, nicht ganz normal, sonderbar, wunderlich, „närrisch"'

quatschen: ‚unnötig viel (und meist dummes Zeug) reden'

Quengelei f.: ‚dauerndes Betteln und Bitten, mit dem man anderen auf die Nerven fällt'

Raasche f.: ‚Aufregung, Jähzorn, Wut, Hast, Eile'

Reformande f.: ‚Strafpredigt, Zurechtweisung'

Rekord m.: ‚Respekt, Ehrfurcht, Angst'

rumbadallchen: ‚schwer arbeiten, schwere Lasten schleppen'

rumbläken: ‚herumschreien'

Schälchen n.: eigentlich ‚Untertasse', aber auch ‚Obertasse, Tasse'

Schmette f.: ‚(altes, klapperiges) Fahrrad'

unnergietch: ‚(von einer Wunde) unter dem Grind / Schorf entzündet und vereitert'

tichtsch: ‚sehr, „tüchtig"'

titschen: ‚(Brot, Kuchen) eintauchen und dadurch aufweichen'

Tuhr f.: **in eener Tuhr** (franz. tour) ‚fortgesetzt, immerzu, fortwährend'

verblembern: ‚etwas vergeuden, sinnlos vertun'

Lösung des Kleinen Sprachtests Sächsisch

1. Strafpredigt, Zurechtweisung
2. Lunge, Brust
3. Hände, Füße, Finger, Zehen, Beine
4. wählerisch beim Essen
5. trocken
6. dünner Kaffee, dünne Suppe
7. (Wunde) unter dem Grind/Schorf entzündet und vereitert
8. sehr, „tüchtig"
9. Aufregung, Wut, Eile
10. Ausruf der Verwunderung
11. mittelmäßig
12. dünner Kaffee, Malz-, Ersatzkaffee
13. schwer arbeiten, schwere Lasten schleppen
14. Lust, Neigung; Kraft
15. (eigentlich) Untertasse, (aber auch) Obertasse, Tasse
16. närrisch, verrückt, nicht ganz normal
17. zubereitete Innereien, Kaldaunen
18. sehr schadhaft; erschöpft, müde, kränklich
19. übermäßig lange, „ewig"
20. unnötig viel (und meist dummes Zeug) reden
21. (belanglose) Tätigkeit, die man nebenher verrichtet
22. etwas vergeuden
23. matt, abgespannt
24. (Brot, Kuchen) eintauchen und dadurch aufweichen
25. Kartoffeln, „Erdäpfel"
26. kurzer Regenschauer; kleines Feuer im Ofen
27. dünner Kaffee
28. große Tasse, Töpfchen
29. abgelegenes, schwer erreichbares kleines Dorf
30. geschickt, beweglich, klug
31. fortwährend, immerzu
32. schmollen
33. zornig, wütend
34. stark regnen
35. (altes, klappriges) Fahrrad
36. unangenehme Eigenheiten, Launen
37. blaß, kränklich aussehend
38. Marienkäfer
39. Respekt, Ehrfurcht, Angst
40. herumschreien

Register

Arsch 31–34
Aussprache 7–11

Bad Brambach 7
Bad Elster 7
Bauch 30
Beine 11, 14, 30
Besuch 19

Chemnitz 8, 9, 13

Dialekt 4, 7, 9, 11
Dialektgebiete 7–9
Dresden 8, 9

Edelroller 7
Ehestreit 19
Erzgebirge 7, 13, 17
Erzgebirgisch 7
Erzgebirgler 7
Essen 16

Fahrrad 12
Fränkisch 7
Französisch 18
Freistaat 7, 8
Füße 30

Gemütlichkeit 6, 19, 20
Gesäß 30
Gesundheit 14
Gewitter 15
Görlitz 8

Halle 8
Hoyerswerda 8

Ich-Laut 9

Kaffee 16, 18
Kaiser 9
Kopf 30
Körperteile 30
Kümmelkörner 9

Landregen 15
Laufen 11
Lausitzisch 7
Leipzig 8, 9

Machen 26–27
Marienkäfer 12
Meißeldraht 13
Meißnisch 9

Napfkuchen 16
Nase 30
Neulausitzisch 7
Niederdeutsch 7, 9
Nordbairisch 7

Oberlausitzer 7
Oelsnitz 7, 8

Personenbezeichnungen 21–22
Pferd 10
Plauen 7, 8
Popel 10

Reaktionen 19
Redensarten 28–29
Regen 14–15

Sachsen 6, 7, 8, 11
Sachsenlied 4
Sächsische Akademie 11
Schauer 15
Scheiße 34
Schimpfwörter 23–25
Sch-Laut 9
Schmiede 12
Schorf 10
Sorbisch 7
Spezialitäten 17
Sprachaltertümer 12–13
Sprachtest 37
Sprichwörtliches 28–29
Stimmhaftigkeit 5
Stimmlosigkeit 5

Tante 10
Tinte 10
Tolpatsch 20
Torgau 8
Trinken 16
Tun 27

Vogtland 17
Vogtländer 7
Vogtländisch 7
Vokabeltest 38
Vokale 11
Volkssprache 18, 31–34

Wetter 14–15
Wittenberg 8, 9
Wut 23

Vokabeltest

Haben Sie sich die Bedeutungen der behandelten Wörter gut gemerkt? Testen Sie sich doch mal! Halten Sie die rechte Spalte zu, und versuchen Sie, die Bedeutungen auf hochdeutsch zu umschreiben!

Blauze *f*	Lunge, Brust
Blembe *f*	unschmackhaftes Getränk, dünner Kaffee, dünne Suppe
Bliemchen(kaffee) *m*	dünner Kaffee, Malz-, Ersatzkaffee
dickschen	schmollen, sich trotzig verhalten
egah	fortwährend, immerzu
ei-verbibbch	*Ausruf der Verwunderung, nicht ganz ernst gemeinter Fluch*
fichelant	geschickt, gewandt, klug
gäägch	bleich, blaß, kränklich aussehend
halblappch	mittelmäßig; weder gut, noch schlecht
kääbsch	wählerisch beim Essen
Kuhbläke *f*	vom Verkehr abgelegenes, schwer erreichbares, kleines Dorf; Kaff
Lorke *f*	dünner Kaffee
Mauge *f*	Lust, Neigung; Kraft
Motschegiebchen *n*	Marienkäfer
Reformande *f*	Strafpredigt, Zurechtweisung
Rekord *m*	Respekt, Ehrfurcht, Angst
rumbadallchen	schwer arbeiten, schwere Lasten schleppen
Schälchen *n*	*eigentlich* Untertasse, *aber auch* Obertasse, Tasse; *meist in* „e Schälchen Heeßen trinken" – eine Tasse Kaffee trinken
unnergietch	*(von einer Wunde)* unter dem Grind/Schorf entzündet und vereitert

Sieben gute Gründe sprechen für Polyglott

1. Die Erfahrung von über 30 Jahren

Polyglott-Reiseführer sind seit dem Beginn des modernen Tourismus dabei. Sie orientieren sich an den Bedürfnissen in der Touristik.

2. Das umfassendste Programm

Polyglott hat das mit Abstand umfangreichste Reiseführer-Programm deutscher Sprache. Zur Zeit können Sie unter rund 300 Titeln wählen.

3. Das praktische System

Jeder, der einmal mit einem Polyglott-Reiseführer auf Reisen war, kennt den Aufbau und das ausgereifte, unverwechselbare System, nach dem jeder einzelne Polyglott-Reiseführer erarbeitet worden ist: allgemeine, einführende Kapitel zu Land und Leute, Geschichte, Kunst und Kultur, Speisen und Getränke, praktische Hinweise, Städtebeschreibungen und Routenkapitel. Dazu Übersichtskarten, Stadtpläne, Routenkarten, Grundrisse.

4. Der günstige Preis

Einen wichtigen Faktor für den millionenfachen Erfolg der Polyglott-Reiseführer sollte man nicht unterschätzen: den günstigen Preis.

So kosten Polyglott-Reiseführer mit 64 Seiten ab 7,80 DM. Polyglott-Sprachführer kosten ab 4,80 DM.

5. Die kompetente Information vor Ort

Auf Polyglott-Reiseführer kann man sich verlassen: leicht verständliche, exakte Beschreibungen mit vielen Abbildungen, übersichtlich gegliedert, mit Hinweisen auf besondere Sehenswürdigkeiten und speziell ausgearbeiteten Karten.

6. Die besondere Handlichkeit

Polyglott-Reiseführer sind durch ihr Taschenbuchformat und ihren klaren Aufbau besonders handlich und deshalb ideal für unterwegs. Der ausgefeilte Routenaufbau erschließt einerseits ein völlig unbekanntes Gebiet, andererseits hat man anhand des umfassenden Register- und Verweissystems die Möglichkeit, seine Kenntnisse über bereits bekannte Punkte zu vertiefen.

7. Die vorbildliche Aktualität

Jeder Polyglott-Reiseführer wird durchschnittlich alle ein bis eineinhalb Jahre überarbeitet. Die eingespielte Polyglott-Redaktion und ca. 70 freie Mitarbeiter weltweit sorgen für gleichbleibende Qualität und ständige Aktualität.